스스로 행복을 찾는

12가지 방법

✔ 나연구소 메시지

1. 당신이 가장 소중합니다.
2. 최고의 자기 계발은 나다움이다.
3. 매일 글을 쓰는 일은 나를 아는 일이고 운을 쌓는 일이다.
4. 시간은 유한하고 우리는 무한하다.
5. 책은 보는 것이 아니라 쓰는 것이다.
6. 1인 기업이 가장 거대한 기업이다.

평범한 직장인을 작가, 1인 기업가로 바꾼 글쓰기의 힘

스스로 행복을 찾는 12가지 방법

우경하 지음

인생이변하는서점

어떻게 살아야 하는가?
라고 묻는다면

*"원하는 일을 하면서
진짜 나, 최고의 내가 되어
후회 없는 인생을 산다."*

라고 답한다.

| 프롤로그 |

변화와 성장을 원하는 당신에게

"왜 나는 행복하지 않을까?"

30대 중반, 직장 생활 10년 차, 중소기업 과장. 남들이 보기엔 꽤 괜찮은 삶이었다. 안정적인 직장, 나름의 커리어, 성실하게 일하는 모습. 그런데 이상했다. 살면서 보고 듣고 배운 대로, 그저 열심히 살았는데 나는 행복하지 않았다.

매일 반복되는 일상, 끊임없는 업무, 복잡한 대인관계, 실적에 대한 부담, 미래에 대한 걱정…. 나는 점점 지쳐갔다. 더 큰 문제는 내가 점점 수동적으로 변해가고 있다는 것이었다. 성장하지 않는 내 모습을 보며 두려움과 실망감이 밀려왔다.

어느 날, 몇 년 뒤 나의 미래가 될 선배들의 모습을 보며 나는 무섭고 두려웠다. 그들은 행복해 보이지 않았다. 그리고 깨달았다. 변하지 않으면, 나도 저렇게 될 거라는 것을.

그때 내 안에서 외침 소리가 들렸다.

"나는 그렇게 살기 싫다. 한 번뿐인 소중한 인생, 정말 원하는 일을 하면서 가슴 뛰는 행복한 삶을 살고 싶다. 내 안에 있는 무한한 가능성과 잠재력을 모두 꺼내고 싶었다."

그날부터 나는 질문하기 시작했다. '내가 하는 일이 정말 내가 원하고 좋아하는 일인가? 진짜 나는 누구인가? 나는 어떻게 살고 싶은가?'

그리고 우연처럼, 아니 필연처럼 글쓰기를 시작했다. 진짜 나를 찾고 행복해지기 위해서였다. 7년이 지난 지금, 나는 13,000개가 넘는 글을 썼고 100권이 넘는 책을 출판했다. 그리고 인생이 변했다. 작가, 강사, 1인 기업 사업가, 책쓰기 코치, 출판사 대표가 되어 새로운 삶을 살고 있다.

평범했던 직장인이 이제는 '100권작가'라는 닉네임으로 불리며, 700명이 넘는 사람들을 작가로 만들었다. 개인적으로 1,000권의 책 출판, 1만 명의 작가 배출을 목표로 하루하루 보람과 의미 있는 인생을 살고 있다.

무엇보다 중요한 건, 이제 나는 행복하다는 것이다. 이 책은 내가 불행한 직장인에서 행복한 삶을 살게 된 과정을 12가지 방법으로 정리한 것이다. 거창한 이론이 아니다. 내가 직접 경험하고 실천한, 그래서 효과를 증명한 방법들이다.

당신도 할 수 있다. 내가 그랬던 것처럼.
한 번뿐인 당신의 소중한 인생, 스스로 행복해질 자격이 있다.

2025. 11월 어느 날. 우경하

| 목차 |

프롤로그: 변화와 성장을 원하는 당신에게 ·6
01. 진짜 나를 찾자 ·12
02. 매일 일상과 나를 기록하자 ·20
03. 즐거움이 답이다 ·30
04. 경험이 가장 큰 재산이다 ·38
05. 내 삶의 주인으로 살자 ·46
06. 매 순간 성장의 기쁨을 누리자 ·54
07. 타인의 시선에서 자유로워지자 ·62
08. 하루하루를 의미를 부여하자 ·72
09. 나만의 일을 찾지 ·82
10. 배움과 성장을 즐기자 ·92
11. 남을 행복하게 하자 ·100
12. 지금에 감사와 행복하자 ·108
에필로그: 당신도 할 수 있다 ·118
부록: 12가지 체크리스트 ·124
     30일 챌린지 ·127
     내 삶을 바꾼 추천 도서 목록 ·128

01

진짜 나를 찾자

남이 원하는 삶이 아닌 내가 원하는 삶

15년간 직장 생활을 하면서 나는 늘 이렇게 생각했다.
'그냥 열심히 하면 잘 되겠지.'
부모님이 원하는 대로, 사회가 기대하는 대로, 회사가 요구하는 대로 살았다. 그게 옳은 줄 알았다. 그런데 어느 순간, 내가 정말 원하는 게 뭔지 모르겠더라.

회사에서 승진을 원하는 건가? 아니면 그냥 남들이 승진하니까 나도 해야 한다고 생각하는 건가? 이 일을 정말 좋아하는 건가? 아니면 그냥 익숙해서 하는 건가?
질문을 시작하자, 혼란이 왔다. 하지만 그 혼란이 필요했다. 왜냐하면 그 질문들이 나를 깨어나게 했으니까.

"나는 누구인가?" 질문하는 용기

가장 어려운 질문은 가장 단순한 질문이다.
"나는 누구인가?"

이 질문에 제대로 답할 수 있는 사람이 얼마나 될까? 나도 오랫동안 답하지 못했다. 직장인, 가장, 누군가의 자녀, 누군가의 동료…. 이런 역할들로만 나를 정의했다.

하지만 역할이 나는 아니다. 역할은 언제든 바뀔 수 있다. 그렇다면 역할을 다 벗겨냈을 때, 진짜 나는 누구일까?

나는 글을 쓰기 시작하며 이 질문에 답을 찾아갔다. 매일 블로그에 글을 쓰며, 생각을 정리하고, 감정을 들여다보고, 나의 가치관을 발견했다.

글을 쓰면 쓸수록 놀라운 일이 일어났다. 내가 생각했던 나와 진짜 나는 달랐다. 안정을 추구한다고 생각했는데, 실은 도전을 좋아하는 사람이었다.

혼자 있는 걸 싫어한다고 생각했는데, 실은 고독 속에서 창조하는 것을 즐기는 사람이었다. 실패가 두렵다고 생각했는데, 실은 성장하지 않는 것이 더 두려운 사람이었다. 그렇게 나는 진짜 나를 찾기 시작했다.

내 안의 목소리에 귀 기울이기

우리 안에는 두 개의 목소리가 있다.

하나는 세상의 목소리다. "이렇게 살아야 해", "저렇게 하면 안 돼", "남들은 다 이렇게 하는데"라고 말하는 목소리다.

다른 하나는 내 안의 진짜 목소리다. 조용하지만 끈질기게, "나는 이게 좋아", "나는 이렇게 살고 싶어", "이건 내 길이 아니야"라고 말하는 목소리다.

나는 오랫동안 세상의 목소리만 들었다. 내 안의 목소리는 무시했다. 아니, 들리지 않는 척했다. 들으면 불편했으니까.

그런데 30대 중반, 더 이상 무시할 수 없는 순간이 왔다. 내 안의 목소리가 너무 커져서, 귀를 막아도 들렸다.

"이렇게 살면 안 돼. 나는 이렇게 살고 싶지 않아."

그제야 나는 귀를 기울였다. 그리고 그 목소리를 따라가기 시작했다. 쉽지 않았다. 때로는 무섭기도 했다. 하지만 그 목소리를 따라가며, 나는 처음으로 내 인생의 주인공이 되는 느낌을 받았다.

나는 알았다. 나는 변화와 성장을 간절히 원하고 있었다. 내 마음의 소리를 따라 살아야겠다고 결심했다.

나이 40, 퇴사 후 1인 기업이 되다

직장 생활 15년 차, 나는 한계를 만났다. 이 길은 내 길이 아님을 확신했고 새로운 삶을 살고 싶었다. 내가 정말 하고 싶은 일, 좋아하는 일을 하면서 가슴 뛰는 삶, 열정을 다하는 삶, 행복한 삶을 살고 싶었다.

그런 나의 소망을 들은 세상은 나에게 무자본 창업, 1인 기업이라는 신세계를 만나게 해주었다. 처음에는 낯설고 어렵고 불편했다. 왜? 그동안 30 몇 년을 살면서 내가 들어보지 못했던 말들이었고, 몰랐던 세상이었기 때문이었다.

의심스럽고 두려웠지만 자꾸만 마음이 갔다. 사람들을 만나고 공부를 하면서 깨달았다. 내가 원하는 모든 것이 그곳에 있음을. 내 삶을 바꿀 수 있겠다는 것을.

처음으로 시작한 공부는 나 공부, 마음공부였다. 나를 아는 것이 모든 것의 시작이고 중요하다는 것을 알게 되었다. 나를 알고 싶었다. 내가 누구인지? 내가 무엇을 원하는지? 내가 어떤 사람이 되고 어떤 인생을 살고 싶은지?

그렇게 나는 진짜 나를 찾아갔다.

실천법: 나를 찾는 질문 리스트

진짜 나를 찾기 위해 매일 이 질문들을 스스로에게 해보자. 정답은 없다. 솔직한 답이 중요하다.

1. 내가 정말 원하는 것은 무엇인가?
2. 내가 정말 하고 싶은 일은 무엇인가? (해야 하는 일이 아닌, 정말 하고 싶은 일)
3. 나는 어떤 사람이 되고 싶은가?
4. 나는 어떤 인생을 살고 싶은가?
5. 나는 무엇을 할 때 행복한가?
6. 돈이 많다면 나는 무엇을 하고 싶은가?
7. 내가 정말 잘하는 것, 남들보다 쉽게 하는 것은 무엇인가?
8. 내 생에 마지막 날이라면 나는 무엇이 후회될까?

이 질문들에 대한 답을 일기장에, 노트에, 스마트폰 메모에 기록하자. 답은 하루아침에 나오지 않는다. 하지만 계속 질문하다 보면, 어느 순간 당신 안에서 분명한 목소리가 들릴 것이다.

그것이 바로 진짜 당신의 목소리다

02

매일 일상과 나를 기록하자

7년간 13,000개의 글을 쓴 이유

"우경하 작가님은 어떻게 그렇게 많은 글을 쓸 수 있나요?"

많이 받는 질문 중 하나다. 비결이 있냐고 물으시는데, 사실 특별한 비결은 없다. 단지 매일 썼을 뿐이다.

나는 간절했다. 변하고 싶었고 성장하고 싶었다. 나 공부, 마음 공부, 자기 계발 등을 하면서 글쓰기와 매일 꾸준히 하는 것의 중요성을 알게 되었다. 나는 결심했다. "한 줄을 써도 매일 쓰자"라고. 그리고 실천했다.

2017년 5월에 블로그를 시작해서 글을 쓰고 있는 2025년 10월인 지금까지 13,175개의 글을 썼다. 하루 평균 약 4개 내외의 글을 매일 써온 것이다.

왜 이렇게 많이 썼을까?

처음에는 진짜 나를 찾기 위해서였다. 글을 쓰면서 내 생각을 정리하고, 감정을 이해하고, 내 가치관을 발견했다.

그다음에는 기록이 주는 힘을 알게 되었기 때문이다. 기록하지 않으면 흘러가 버리는 하루하루가, 기록하면 의미가 생겼다. 평범한 일상이 특별한 이야기가 되었다.

그리고 일상, 즉 내가 경험하고 배우고 느끼는 모든 것이 글감이고 콘텐츠가 된다는 것을 깨달았다.

지금은 습관이 되었다. 숨 쉬듯이, 밥 먹듯이 글을 쓴다. 하루를 글로 마무리하지 않으면 뭔가 어색하다.

많은 분이 이렇게 말한다.

"저는 특별한 게 없어서 쓸 게 없어요."

하지만 정말 그럴까? 우리는 매일 수많은 경험을 한다.

내가 한 일, 내가 만난 사람, 내가 보고 들은 이야기, 책, 강의, 생각, 출근길에 본 풍경, 점심으로 먹은 음식, 동료와의 대화, 퇴근 후의 피로, 잠들기 전의 생각, 내가 좋아하는 것, 내가 하고 싶은 것 등등

이 모든 것이 기록의 소재다. 특별한 일만 기록하는 게 아니

다. 평범한 일상을 기록하다 보면, 그 속에서 특별한 의미를 발견하게 된다. 그래서 나는 말한다.

"사람이 책이다. 경험이 책이다. 인생이 책이다."

오늘 아침에 내가 쓴 블로그 짧은 글이다.

나다움 자기계발 끝

무엇을 읽고 쓰고 이해해야 하는가

나연구소 피플북

삶을 읽고
나를 읽는다

삶을 쓰고
나를 읽는다

삶을 이해하고
나를 이해한다

스쳐 지나가는 생각들을 자연스럽게 블로그에 기록한다.

이런 글들을 쓰면서 나는 나 자신을 더 깊이 알게 되었다. 내가 무엇에 감동하는지, 무엇을 중요하게 생각하는지, 무엇을 두려워하는지…. 기록은 나를 비춰주는 거울이다.

하루 평균 4개 글쓰기의 힘

"하루에 4개나 글을 쓰다니, 대단하시네요."
대단한 게 아니다. 방법이 있다.
나는 주로 이런 글들을 쓴다.
1. 일상 기록: (오늘 내가 한 일, 예: 모임 참석, OO와의 만남, 읽은 책, 맛있는 음식 등)
2. 배움 기록: (책에서 배운 것, 강의에서 얻은 인사이트, 삶에서 얻는 크고 작은 깨달음 등)
3. 업무 기록: (강의 준비, 강의 진행, 책 목차 선정, 표지 제작, 상담 내용, 출판 책, 준비 중인 책 등)
4. 정보 공유: (책 쓰기 팁, 출판 노하우 등 독자에게 도움 되는 글) 등

이렇게 내가 하는 모든 활동이 콘텐츠라고 생각하니 글감이 무궁무진했다. 하나의 경험을 다양한 각도로 쓸 수 있었다.
예를 들어, 오늘 수강생이 첫 책을 출판했다고 가정해보자.
- 일상 기록: 오늘 제자의 출판 소식에 얼마나 기뻤는지
- 배움 기록: 이 과정에서 내가 배운 것
- 업무 기록: 나연구소의 700번째 작가 탄생 스토리

- 정보 공유: 초보 작가가 출판에 성공하는 5가지 비결

하나의 사건으로 네 개의 글이 나온다.

우리가 경험하는 모든 것이 글의 소재다. 글감은 정말 무궁무진하다.
그래서 나는 말하고 쓴다.

사람이 책이다.
경험이 책이다.
인생이 책이다.

글 잘 쓰는 7가지 방법

다음은 내가 경험하고 생각하는 글 잘 쓰는 방법들이다.

1. 잘 쓰려고 하기보다 진솔하게 쓰자.

 너무 잘 하려는 마음은 글쓰기를 두렵게 만든다.

2. 한 번에 많이 쓰려고 하기보다 짧게 자주 쓰자.

 습관을 만들면 편해진다.

3. 감정을 담자.

 감정이 중요하다. 삶의 희로애락을 담자.

4. 문장을 짧게 쓰는 습관을 들이자.

 너무 긴 문장은 집중력과 가독성을 떨어뜨린다.

5. 왜 써야 하는가? 에 대한 답을 스스로 찾자.

 중요한 것은 스스로 써야만 하는 이유를 찾는 것이다.

6. 나의 경험과 사례를 담자.

 사람들은 스토리에 공감하고 반응한다.

7. 내 글을 보는 사람들의 마음을 생각하면서 쓰자.

 내 글을 보는 사람들의 고민, 문제, 어려움을 공감하고 생각하면서 쓰자.

실천법: 하루 10분 기록 습관 만들기

처음부터 하루 4개 쓰려고 하지 마라. 나도 처음엔 하루 1개도 힘들었다.

▌1주 차: 하루 10분, 2~3 줄만 쓰기
  - 오늘 내가 한 일의 기록, 배우고 느낀 것
  - 부담 갖지 말고 일상을 기록하라.

▌2주 차: 하루 15분, 한 단락 쓰기
  - 세상 사람들에게 하고 싶은 이야기
  - 사람들에게 어떤 메시지를 전하고 싶은지 쓰자.

▌3주 차: 하루 20분, 한 페이지 쓰기
  - 내가 알고 싶은 방법, 정보, 노하우를 전하자
  - 경험하지 못한 사람들에게는 큰 도움이 된다.

▌4주 차부터: 자유롭게
  - 글감에 한계를 두지 말자
  - 쓰고 싶은 만큼, 쓰고 싶은 것을 써라

중요한 것은 매일 쓰는 것이다. 많이 쓰는 게 아니라, 꾸준히 쓰는 것이다. 나는 7년간 하루도 빠짐없이 썼다. 그래서 13,000개가 되었다. 당신도 할 수 있다.

03

즐거움이 답이다

즐거움이 답이다

철학자 니체는 이렇게 말했다.

"즐거움이 답이다."

처음 이 말을 들었을 때, 충격이었다. 우리는 늘 이렇게 배웠으니까. "열심히 해라", "참고 견뎌라.", "고생 끝에 낙이 온다"…

즐거움은 사치스러운 것, 나중에 누릴 수 있는 것으로 생각했다. 하지만 30대 중반, 10년간 열심히 일했는데도 행복하지 않았던 나는 깨달았다. 아, 뭔가 잘못됐구나. 이 방식으로는 평생 행복해질 수 없겠구나.

그때 니체의 말이 떠올랐다. "즐거움이 답이다."

즐거움을 찾아보자. 일을 즐겁게 해보자. 삶을 재미있게 살아보자. 그렇게 마음먹고 나니, 세상이 달라 보였다.

일을 취미처럼 재미있게 하기

사람들은 내게 이렇게 묻는다.
"취미가 뭐예요?"
나는 대답한다.
"글쓰기요."
"아, 일이 취미시군요?"
정확히는 반대다. 취미가 일이 된 것이다.

처음 글쓰기를 시작했을 때, 그건 취미였다. 재미있어서 했다. 돈이 안 돼도, 누가 안 봐도, 그냥 즐거워서 썼다.

매일 블로그에 글을 쓰는 게 즐거웠다. 책이 완성되는 과정이 신났다. 수강생들이 작가가 되는 것을 보는 게 행복했다.

그러다 보니 어느새 그것이 내 일이 되어 있었다.

일과 취미의 경계가 사라졌다. 아니, 정확히 말하면 모든 일이 취미가 되었다.

이게 가능할까? 가능하다. 단, 한 가지 조건이 있다.

내가 정말 좋아하는 일을 할 때다.

싫어하는 일을 억지로 즐겁게 할 수는 없다. 하지만 좋아하는 일이라면, 그것을 더 즐겁게 할 수는 있다.

나는 글쓰기를 좋아했다. 그래서 매일 썼고, 즐겁게 썼고, 더 잘 쓰고 싶어졌고, 계속 배웠고, 결국 100권이 넘는 책 쓰게 되었다. 그리고 인생이 변했다.

재미를 추구하니 재미있는 일이 생긴다. 신기한 일이 일어났다. 삶의 중심을 즐거움에 두고 나니, 정말로 재미있는 일들이 생겨나기 시작했다.

- 늦게까지 일하고 주말에 일해도 지치지 않는다.
- 블로그를 보고 강의 요청이 들어왔다.
- 수강생들이 입소문으로 다른 분들을 소개해 주었다.
- 100권이 넘는 책을 출판한 작가, 강가, 출판사 대표가 되었다.
- 700명이 넘는 작가를 배출하게 되었다.

이런 많은 것이 삶의 중심에 '재미'를 두면서 이루어졌다.

재미를 추구하면 에너지가 생긴다. 에너지가 있으면 끈기가 생긴다. 끈기가 있으면 결과가 나온다. 결과가 나오면 기회가 온다.

반대로 억지로 하면 에너지가 소진된다. 에너지가 없으면 금방 포기하게 된다. 포기하면 결과가 안 나온다. 결과가 없으면 기회도 없다. 같은 시간을 쓰더라도, 즐겁게 하는 것과 억지로 하는 것은 완전히 다른 결과를 만든다.

실천법: 내가 진짜 즐거운 순간 찾기

오늘부터 1주일간 이것을 해보자.

하루를 돌아보며 '즐거움 점수' 매기기

아침부터 저녁까지 했던 모든 활동을 적고, 각각에 1-10점 사이의 즐거움 점수를 매겨보자.

예시:

- 출근 준비: 3점 (귀찮았음)

- 출근길: 5점 (평범함)

- 오전 회의: 2점 (지루했음)

- 점심: 7점 (동료와 즐거운 대화)

- 오후 업무: 4점 (반복 작업)

- 새 프로젝트 기획: 9점 (창의적이고 재미있었음)

- 퇴근 후 운동: 8점 (개운함)

- 저녁에 자기 계발서 읽기: 9점 (몰입)

- 강의 듣기: 9점 (재미, 신기함)

- 내가 원하는 인생을 사는 사람 만나기: 9점 (기대, 설렘)

1주일 후, 이 데이터를 분석해 보자:
- 8점 이상 받은 활동이 무엇인가?
- 그 활동들의 공통점은 무엇인가?
- 그런 활동을 더 많이 할 방법은 없을까?

이것이 바로 당신이 진짜 즐거워하는 것이다.

인생을 바꾸고 싶다면, 8점 이상 활동을 늘려라. 그리고 가능하다면, 그것을 당신의 일로 만들어라.

04

경험이 가장 큰 재산이다

무자본이 가장 거대한 자본

직장인 시절 이 말을 알게 되었다.

많은 분이 이 제목을 보고 혼란스러워한다. 나 또한 그랬다.

"무자본이 가장 큰 자본이라니, 무슨 말인가요?"

설명해 보겠다.

돈, 건물, 장비, 이런 것들을 우리는 자본이라고 부른다. 하지만 이런 물질적 자본이 없어도 시작할 수 있는 것들이 있다. 아니, 오히려 이런 물질적 자본 없이 시작하는 것이 더 강력한 경우도 있다.

나는 아무것도 없이 시작했다. 출판사도, 사무실도, 자금도 없었다. 가진 것이라곤 내 경험과 이야기뿐이었다.

30대 중반, 불행했던 직장인 시절의 이야기.

글쓰기로 삶이 변화한 이야기.
100권을 쓰며 배운 노하우.
사람들을 작가로 만들어가는 과정.
이것이 내 자본이었다. 그리고 이것만으로 충분했다.

"사람이 책이다. 경험이 책이다. 내 삶이 책이다."
이것이 내 가장 중요한 철학이다.

우리는 모두 책이다. 각자 다른 이야기를 가진 책이다. 누구도 똑같은 삶을 살지 않는다. 당신이 겪은 경험은 세상에서 단 하나뿐이다.

많은 분이 이렇게 말한다.

"저는 특별한 게 없어요."

"제 인생은 평범해요."

"누가 제 이야기에 관심이 있을까요?"

하지만 나는 700명이 넘는 사람들의 이야기를 책으로 만들며 깨달았다. 평범한 인생은 없다. 모든 인생은 특별하다.

80년을 살아온 재향군회 회장님의 이야기는 전쟁과 가난을 이겨낸 강인함의 기록이다. 30년 직장 생활을 한 직장인의 이야기는 치열한 생존의 역사다. 아이를 키운 엄마의 이야기는 무조건적 사랑의 증거다.

당신의 이야기도 마찬가지다. 당신이 겪은 고통, 극복, 기쁨, 성장, 이 모든 것이 누군가에게는 위로가 되고, 영감이 되고, 용기가 된다. 나만의 스토리가 가장 큰 경쟁력이자 무기가 된다.

경쟁이 치열한 시대다. 어떻게 차별화할 수 있을까?
답은 간단하다. 나만의 스토리다.
기술은 따라 할 수 있다. 방법론은 베낄 수 있다. 하지만 스토리는 복사할 수 없다. 나는 책 쓰기를 가르친다. 한국에 책 쓰기를 가르치는 사람이 나만 있을까? 아니다. 수없이 많다.
그렇다면 왜 700명이 넘는 사람들이 나를 선택했을까?
내 스토리 때문이다. "글과 무관했던 평범한 직장인이 7년 만에 100권 자가가 되었다"라는 스토리. 이게 내 경쟁력이다.
나는 처음부터 글을 잘 쓴 사람이 아니다. 문예창작과를 나온 것도 아니다. 그냥 평범한 직장인이었다. 하지만 그렇기 때문에 오히려 사람들이 공감하고, 믿고, 따라올 수 있었다.
"저 사람도 했으니 나도 할 수 있겠다."
이것이 스토리의 힘이다. 당신도 마찬가지다. 당신이 겪은 역경, 실패, 좌절, 그리고 그것을 극복해 가는 과정. 이것이 바로 당신의 가장 큰 자산이다.

실천법: 내 경험 목록 만들기

지금 당장 노트를 펴고 이것을 적어보자.

내 인생의 주요 경험 목록
카테고리별로 정리하면 좋다:

1. 위기와 극복
- 가장 힘들었던 시기는 언제였나?
- 어떻게 극복했나?
- 그 과정에서 무엇을 배웠나?

2. 성장과 변화
- 내가 크게 변화한 순간은?
- 무엇이 나를 변화시켰나?
- 변화 전후의 나는 어떻게 달라졌나?

3. 배움과 깨달음
- 인생에서 가장 중요한 깨달음은?
- 누구/무엇이 나를 가르쳐주었나?

- 그것이 내 삶에 어떤 영향을 미쳤나?

4. 관계와 사랑
- 내 인생에서 가장 중요한 사람들은?
- 그들과 어떤 이야기들이 있었나?
- 그 관계가 나에게 준 것은?

5. 도전과 모험
- 내가 시도했던 새로운 것들은?
- 왜 그것에 도전했나?
- 결과는 어땠고, 무엇을 얻었나?

이렇게 정리하다 보면 놀라운 사실을 발견하게 된다.
"와, 내가 이렇게 많은 것을 경험했구나."
"이건 정말 책이 될 만한 이야기네."
"이 이야기로 누군가를 도울 수 있겠다."
당신의 경험은 이미 충분하다. 이제 그것을 세상과 나누어라.

05

내 삶의 주인으로 살자

지쳐있고 수동적이었던 과거의 나

15년간 직장 생활을 하며 나는 점점 수동적으로 변해갔다.

아침에 일어나는 것도 알람 때문에.

출근하는 것도 의무 때문에.

일하는 것도 시키니까.

회의에 참석하는 것도 불러서.

야근하는 것도 남들이 하니까.

내가 선택하고 결정하는 것이 거의 없었다. 모든 것이 외부에 의해 결정되었다. 처음에는 이것이 문제인 줄 몰랐다. 다들 이렇게 사니까, 이게 정상인 줄 알았다.

하지만 점점 지쳐갔다. 에너지가 고갈되었다. 무기력해졌다. 왜일까?

내 삶을 내가 통제하지 못하고 있었기 때문이다.
능동적으로 내 인생의 주인공이 되고 싶었다.

전환점은 질문에서 시작되었다.
"내가 정말 원하는 것은 무엇인가?"
내 마음의 소리, 열정, 욕망을 무시한 채 회사에서 어떻게든 살아남는 것인가?
"아니다"라는 답이 들렸다.

내가 정말 원하는 삶을 살고 싶었다. 끊임없이 질문하고 내 마음을 관찰하고 글을 쓰면서 내가 원하는 모습을 찾고 알았다. 그리고 퇴사와 1인 기업 시작을 행동으로 옮겼다. 경험이 없기에 두려웠지만, 용기를 냈다. 내가 원하는 것을 알고 찾았기 때문이다. 많은 시간이 지난 뒤 행동하지 못해서 가슴을 치고 후회하기가 싫었다. 나를 믿고 세상을 믿기로 했다.

내가 주인 된 삶을 살고 싶었다.

질문을 하자. 선택이 가능해졌다. 그리고 선택을 하자, 내 인생이 달라지기 시작했다. 능동적인 삶을 위해서 선택하고 결정하는 힘을 키워야겠다고 생각했다.

수동적 삶에서 벗어나는 것은 하루아침에 되지 않는다. 작은 선택부터 시작해야 한다.

처음 나는 이런 작은 것부터 선택했다:

▌점심 메뉴
  - 이전: "아무거나", "다들 뭐 먹는데?"
  - 이후: "나는 오늘 돈까스가 먹고 싶어"

▌주말 계획
  - 이전: "집에서 쉬어야지" (피곤해서 어쩔 수 없이)
  - 이후: "집에서 책 읽고 싶어" (선택해서 즐겁게)

▌업무 방식
  - 이전: 시키는 대로, 하던 대로
  - 이후: "이렇게 하면 더 효율적일 것 같은데요"

작은 선택이 쌓이면 큰 선택을 할 수 있는 힘이 생긴다.

그리고 어느 순간, 나는 인생에서 가장 큰 선택을 했다.

"회사를 그만두고 내가 정말 하고 싶은 일을 해보자."

무섭지 않았냐고? 무서웠다. 하지만,

수동적으로 사는 것이 더 무서웠다.

실천법: 오늘 하나라도 스스로 결정하기

오늘부터 이것을 실천해보자.

오늘의 선택 일기

매일 저녁, 이 세 가지를 적어보자:

1. 오늘 내가 스스로 결정한 것 (아무리 작아도 좋다)
2. 그 선택을 하면서 느낀 감정 (두려움? 기쁨? 뿌듯함?)
3. 내일 하고 싶은 선택

　(내일은 무엇을 스스로 결정해볼까?)

예시:

- 선택: 점심시간에 혼자 산책하기로 결정
- 감정: 처음엔 외로울까 걱정했는데, 오히려 상쾌했다
- 내일: 회의에서 내 의견을 먼저 말해보고 싶다

　작은 선택들이 쌓이면, 어느새 당신은 수동적 삶에서 벗어나 있을 것이다.
　인생의 주인공은 당신이다. 다른 누구도 아닌 당신이 당신의 삶을 선택하고 결정할 권리가 있다.

06

매 순간 성장의 기쁨을 누리자

성장하지 않는
나에 대한 두려움

30대 중반, 나를 가장 괴롭힌 것은 '성장하지 않고 있다'라는 느낌이었다.

10년 직장 생활을 하며, 처음 2-3년은 많은 것을 배웠다. 새로운 업무, 새로운 사람들, 새로운 경험… 매일이 배움이었다. 하지만 어느 순간부터 모든 것이 반복되기 시작했다. 같은 업무, 같은 회의, 같은 고민, 같은 문제들…

작년의 나와 올해의 내가 다를 게 없었다. 아니, 더 나빠진 것 같았다. 몸은 더 피곤하고, 마음은 더 무뎌지고, 열정은 사라지고…

"나는 이대로 계속 이렇게 살 건가?"

이 질문이 밤마다 나를 괴롭혔다. 성장하지 않는다는 것은 단순히 제자리걸음이 아니다. 세상은 계속 변하는데 나만 정체되어 있다면, 그것은 사실상 퇴보다.

두려웠다.

매일 조금씩 나아지는 기쁨을 누리고 싶었다.
그래서 나는 결심했다.
"하루에 1%씩이라도 성장하자."
거창한 목표가 아니었다. 매일 조금씩, 어제보다 나아지자는 것이었다.

글쓰기를 예로 들면:
1주 차: 10분 글쓰기 (짧은 블로그 글 1개)
2주 차: 15분 글쓰기 (좀 더 긴 분량의 블로그 글 1개)
3주 차: 30분 글쓰기 (블로그 글 2개)
4주 차: 짧은 분량의 전자책 쓰기 도전 (A3, 30~50페이지)
이후: 개인 저서 종이책 출판 도전

처음에는 나도 힘들었다. 하지만 매일 조금씩 쓰다 보니, 성장하는 내 모습이 보였고 습관이 되어 꾸준히 쓰게 되었다. 이렇게 조금씩 나아지는 과정 자체가 즐거웠다.

어제는 10분 걸렸는데 오늘은 8분 만에 끝냈다.
작년에는 글 한 편 쓰기 힘들었는데 올해는 책을 출간했다.
지난달에는 수강생이 10명이었는데 이번 달에는 15명이다.
이런 작은 성장들이 쌓여서 큰 변화가 되었다.

어제보다 나은 오늘을 만들기 위해 노력했다.
"어제보다 나은 오늘"
성장하는 나를 보는 것은 매우 기쁘고 즐거운 일이다.

어제의 나와 비교하라. 남과 비교하지 마라.

남과 비교하면 항상 부족하다. 더 잘하는 사람은 언제나 있으니까. 하지만 어제의 나와 비교하면, 분명히 나아진 부분이 있다.

예를 들어:

▌글쓰기
 - 어제: 블로그 글 1개를 썼다.
 - 오늘: 블로그 글 2개를 썼다. → 성장!

▌운동
 - 어제: 10분 걸었다
 - 오늘: 15분 걸었다 → 성장!

▌관계
 - 어제: 인사만 했다
 - 오늘: 대화를 나눴다 → 성장!

이렇게 작은 성장을 매일 기록하다 보면, 1년 후 놀라운 변화를 발견하게 된다.

나는 7년 전 블로그에 첫 글을 올렸다. 100자도 안 되는 짧은 글이었다. 그리고 지금, 100권의 책을 쓴 작가가 되었다.
매일 조금씩. 그것이 전부였다.
우리는 매 순간 진화한다.

실천법: 성장 일기 쓰기

오늘부터 '성장 일기'를 써보자.

매일 저녁, 이 세 가지 질문에 답하자:
1. 오늘 나는 어제보다 무엇이 나아졌는가?
- 아주 작은 것도 좋다
- 예: 오늘은 출근길에 뉴스 대신 책을 읽었다

2. 오늘 나는 무엇을 새롭게 배웠는가?
- 업무든, 취미든, 인간관계든 무엇이든
- 예: 무리하지 않아도 된다는 것을 배웠다

3. 내일 나는 무엇을 더 나아지게 하고 싶은가?
- 구체적인 하나만 정하라
- 예: 내일은 점심시간에 30분 산책하기

이렇게 365일을 기록하면, 1년 후 당신은 완전히 다른 사람이 되어 있을 것이다. 나는 7년간 이렇게 했다. 그리고 내 인생이 완전히 바뀌었다.

당신도 할 수 있다. 오늘부터 시작하라.

07

타인의 시선에서 자유로워지자

"내 글을 누가 볼까 창피해요"

수업에서 많이 듣는 말 중에 하나다.
"글을 쓰고 싶은데, 창피해요."
"내 글을 남들이 보면 어떻게 생각할까요?"
"비웃으면 어떡하죠?"
이해한다. 나도 그랬으니까.

처음 블로그에 글을 올릴 때, 나 또한 불안한 마음이 전혀 없지는 않았다.
"이렇게 시시한 글을 누가 읽을까?"
"문법이 틀렸으면 어떡하지?"
"내용이 너무 유치한 거 아닐까?"

온갖 걱정이 머릿속을 가득 채웠다. 하지만 결국 용기를 내어 공개하기를 눌렀다.

그리고 놀라운 사실을 발견했다.

아무도 관심이 없었다.

첫 글의 조회수는 3이었다. 내가 확인한 2번과, 누군가가 본 1번. 그게 전부였다.

웃음이 나왔다. 이렇게 고민하고 떨었는데, 아무도 보지 않다니.

하지만 동시에 자유로워졌다. 아무도 보지 않는다면, 부끄러울 것도 없었다. 그냥 쓰면 되는 거였다.

100권을 쓸 수 있었던 진짜 이유

내가 100권을 쓸 수 있었던 이유는 재능 때문이 아니다.

타인의 시선을 신경 쓰지 않았기 때문이다.

하지만 나는 계속 썼다. 남들이 읽든 안 읽든, 좋아하든 싫어하든, 상관없이 쓰고 싶어서 썼다.

그러다 보니 어느 순간부터 사람들이 읽기 시작했다. 댓글이 달렸다. 공유가 되었다.

물론 모든 반응이 좋은 것은 아니었다.

"이렇게 짧은 글도 있네"

"시간 낭비했네."

이런 악플도 있었다. 처음에는 상처받았다. 며칠간 글을 못 쓸 뻔했다.

하지만 깨달았다. 100명이 읽으면, 10명은 싫어할 수밖에 없다는 것을. 그리고 그 10명 때문에 나머지 90명을 위한 글쓰기를 멈출 수는 없다는 것을.

나를 위한 삶, 남을 위한 삶

우리는 선택해야 한다.

"나를 위한 삶을 살 것인가, 남을 위한 삶을 살 것인가?"

남의 시선을 신경 쓰며 산다는 것은 남을 위한 삶을 사는 것이다.

"남들이 뭐라고 할까?"

"남들 눈에 어떻게 보일까?"

"남들도 다 이렇게 사는데…"

이렇게 살면, 내 인생은 남의 것이 된다.

반대로 나를 위한 삶을 산다는 것은

"나는 이게 좋아."

"나는 이렇게 살고 싶어."
"남들은 어떻든, 나는 이게 맞아."
이렇게 사는 것이다.

쉽지 않다. 평생 남의 시선을 신경 쓰며 살아온 사람이 하루아침에 바뀔 수는 없다.
하지만 연습하면 된다. 조금씩, 천천히.
나는 7년간 연습했다.
매일 글을 쓰며 "나는 이렇게 생각해", "나는 이렇게 느껴"라고 말하는 연습을 했다.
그러다 보니 어느새 타인의 시선이 중요하지 않아졌다.

이제 나는 내 삶을 산다.
내가 온전히 선택하고 책임지는 삶을 산다.
내가 주인공인 인생을 산다.

실천법: 타인의 평가 내려놓기 연습

오늘부터, 이 연습을 해보자.

■ 1단계: 작은 것부터 시작하기
 - 오늘 점심은 남들이 뭐라든 내가 먹고 싶은 걸 먹는다.
 - 회의에서 남들이 어떻게 생각하든 내 의견을 말한다.
 - SNS에 남들 눈치 보지 않고 내가 쓰고 싶은 글을 올린다.

■ 2단계: '만약' 질문하기
 어떤 결정을 할 때마다 이렇게 질문하자:
 "만약 아무도 나를 보지 않는다면, 나는 어떻게 할까?"
 이 질문이 당신의 진짜 마음을 드러낼 것이다.

■ 3단계: 비판 연습하기
 누군가 당신을 비판할 때, 이렇게 생각하자:
 - "그것은 그 사람의 의견이다. 나의 진실이 아니다."
 - "모든 사람을 만족시킬 수는 없다. 그리고 그럴 필요도 없다."
 - "비판받는 것은 내가 뭔가를 하고 있다는 증거다."

▎ 4단계: 자신에게 허락하기

매일 아침, 거울을 보며 말하자:

"내 삶의 주인은 나다."

"내 인생은 내가 선택하고 책임진다."

"내가 행복한 인생을 산다."

처음에는 어색할 것이다. 하지만 매일 반복하면, 어느새 당신은 자유로워져 있을 것이다.

08

하루하루 의미를 부여하자

반복되는 일상에서 의미 찾기

"매일매일이 똑같아요. 출근하고, 일하고, 퇴근하고, 자고… 무슨 의미가 있죠?"

많은 분이 이렇게 말한다. 예전의 나도 그랬다.

15년간 직장 생활을 하며, 반복되는 매일매일의 일상에 무기력해지고, 나태해지는 내 모습을 보며 가슴이 답답했다. 벗어나고 싶었다. 열정이 식어버린 매 마음에 불을 붙이고 싶었다. 활활타오르는 불을.

월요일: 한 주 시작, 피곤
화요일: 아직 수요일도 안 됨, 피곤

수요일: 반 왔다, 여전히 피곤
목요일: 내일이 금요일, 그래도 피곤
금요일: 드디어, 하지만 피곤
주말: 쉬어야지, 그래도 피곤

이렇게 살면 1년이 그냥 지나간다. 10년이 그냥 지나간다. 돌아보면 남는 게 없다. "나 뭐 했지?" 이런 생각만 든다.

하지만 글을 쓰기 시작하며 깨달았다. 똑같은 하루는 없다는 것을. 평범한 일상도 의미를 찾으면 특별해진다는 것을.

모든 경험이 글의 소재가 되듯이, 모든 것에는 의미가 있다.
내가 자주 하는 말이 있다.
"우리가 경험하는 모든 것이 글의 소재다."
이것은 글쓰기에만 해당되는 말이 아니다. 삶에도 적용된다.
우리가 경험하는 모든 것은 의미가 있다. 우리가 그 의미를 찾느냐 못 찾느냐의 차이일 뿐이다.

예를 들어볼까?

▎똑같은 출근길:

의미 없이 보면: 지겨운 출근, 언제나 막히는 길

의미 있게 보면:

- 오늘도 건강하게 출근할 수 있음에 감사
- 지하철에서 본 아이의 미소가 하루를 시작하게 해줌
- 매일 같은 길을 가지만 매일 다른 풍경을 본다

▎ 똑같은 업무

의미 없이 보면: 반복 작업, 지루함, 시간 때우기

의미 있게 보면:

- 이 일을 통해 내가 더 숙련되고 있다
- 고객에게 도움을 주고 있다
- 동료와 협력하며 관계를 쌓고 있다

▎ 똑같은 저녁

의미 없이 보면: 또 하루가 끝났네, 피곤해

의미 있게 보면:

- 오늘 하루도 무사히 마쳤다.
- 저녁 식사를 할 수 있는 것이 감사하다.
- 내일은 또 새로운 하루다.

이처럼 어떤 관점으로 보느냐에 따라 같은 하루도 완전히 다른 의미를 갖는다.

평범한 오늘을 특별하게 만드는 법
특별한 일이 일어나기를 기다리지 마라. 평범한 오늘을 특별하게 만들어라.

내가 사용하는 방법이다.

1. 하루에 하나, '처음' 만들기
    매일 무언가 처음 하는 것을 시도한다.
- 처음 가보는 카페
- 처음 먹어보는 메뉴
- 처음 듣는 음악
- 처음 읽는 작가의 책
- 처음 걷는 길

'처음'은 일상을 특별하게 만든다.

2. 감사 세 가지 찾기
매일 저녁, 오늘 감사한 것 세 가지를 찾는다.
아주 작은 것도 좋다.

- 맛있었던 점심
- 도와준 동료
- 따뜻했던 햇살

감사를 찾으면, 평범한 하루도 축복으로 보인다.

3. 오늘의 베스트 순간 기록하기

하루 중 가장 좋았던 순간 하나를 기록한다.

- 동료가 해준 칭찬
- 프로젝트의 작은 진전
- 퇴근길에 본 예쁜 노을

이렇게 기록하면, 1년 후 365개의 좋은 순간이 쌓인다.

실천법: 오늘의 의미 한 줄 쓰기

가장 간단하지만 강력한 방법이다.

매일 자기 전, 딱 한 줄만 써보자:
"오늘은 _____ 날이었다. 왜냐하면 _____."

예시:
- "오늘은 성장하는 날이었다. 왜냐하면 새로운 기술을 배웠기 때문에."
- "오늘은 연결되는 날이었다. 왜냐하면 오랜 친구와 통화했기 때문에."
- "오늘은 감사하는 날이었다. 왜냐하면 건강하게 하루를 보냈기 때문에."
- "오늘은 도전하는 날이었다. 왜냐하면 회의에서 내 의견을 말했기 때문에."

딱 한 줄이다. 30초면 된다.

하지만 이 한 줄이 당신의 평범한 하루를 의미 있는 하루로 바꿔줄 것이다.

나는 7년간 이렇게 했다. 그리고 깨달았다.

의미 없는 하루는 없다.
의미를 찾지 못한 하루만 있을 뿐이다.

09

나만의 일을 찾자

정말 원하고 좋아하는 일의 발견

"나는 뭘 좋아하는지 모르겠어요."

많은 분이 이렇게 말한다. 나도 그랬다.

30대 중반까지 나는 내가 뭘 좋아하는지 몰랐다. 아니, 좋아하는 것을 생각해 본 적이 없었다.

학교 다닐 때는 성적이 중요했다.

취업할 때는 안정성이 중요했다.

일할 때는 급여가 중요했다.

좋아하는 것? 그건 나중에 생각하는 거라고 믿었다.

"일단 먹고살고 나서"라고 생각했다.

하지만 깨달았다. '나중'은 오지 않는다는 것을. 지금 좋아하는 일을 하지 않으면, 평생 못 한다는 것을.

그래서 질문하기 시작했다.

"나는 뭘 할 때 행복한가?"

"나는 뭘 할 때 시간 가는 줄 모르는가?

"나는 뭘 하고 싶은가?"

답은 의외로 가까이에 있었다. 글쓰기였다.

취미가 직업이 되는 신비로운 여정

처음 글을 쓰기 시작했을 때, 이것이 내 직업이 될 거라고는 상상도 못 했다.

그냥 재미있어서 썼다.

아무도 읽지 않아도 썼다.

돈이 안 돼도 썼다.

그런데 신기한 일이 일어났다.

매일 글을 쓰니 실력이 늘었다.

실력이 느니 사람들이 읽기 시작했다.

사람들이 읽으니 출판 제안이 들어왔다.

출판하니 강의 요청이 왔다.

강의하니 수강생들이 모였다.

수강생들이 성과를 내니 입소문이 났다.

놀랍고 신기했고 감사했다.

많은 사람이 이렇게 말한다.

"취미로는 괜찮지만, 직업으로 할 수 있을까요?"

이건 잘못된 질문이다. 올바른 질문은 이것이다.

"내가 이 일을 정말 좋아하는가? 평생 해도 질리지 않을 만큼?"

만약 답이 "예"라면, 그것은 당신의 일이 될 수 있다.

700명의 작가를 만들며 배운 것

전자책 쓰기 강의, 공동저서 기획 출판, 자서전 출판 등을 통해 700명이 넘는 사람들을 작가로 만들었다.

그들에게는 공통점이 하나 있었다.

자신의 이야기를 나누고 싶어 했다.

어떤 분은 30년 직장 생활의 노하우를 나누고 싶어 했다.

어떤 분은 육아 경험을 다른 엄마들과 공유하고 싶어 했다.

어떤 분은 질병을 극복한 이야기로 누군가를 위로하고 싶어 했다.

어떤 분은 여행 경험을 사람들에게 전하고 싶어 했다.

그들은 유명해지고 싶어서 책을 쓴 게 아니었다. 돈을 벌려고 쓴 것도 아니었다.

진짜 하고 싶어서 썼다.

그리고 그들의 책은 누군가에게 도움이 되었다. 위로가 되었다. 영감이 되었다.

이것이 일의 진짜 의미다. 내가 좋아하는 것을 하면서, 동시에 누군가에게 도움이 되는 것.

실천법: 나만의 일 발견하기 프로젝트

30일 동안 이 프로젝트를 해보자.

▌1주 차: 탐색하기
- 매일 다른 활동을 해본다.
  (글쓰기, 그림 그리기, 요리, 운동 등)
- 각 활동 후 10점 만점으로 점수를 매긴다.
- "다시 하고 싶은가?"를 스스로에게 물어본다.

▌2주 차: 집중하기
- 1주 차에서 8점 이상 받은 활동만 계속한다.
- 매일 최소 30분씩 투자한다.
- 더 깊이 파고든다.

▌3주 차: 공유하기
- 내가 하는 것을 누군가와 나눈다.
- SNS에 올리거나, 친구에게 보여주거나, 가족과 공유한다.
- 반응을 관찰한다. (나의 기분도, 다른 사람의 반응도)

▌ 4주 차: 결정하기
 - 이 활동을 계속하고 싶은가?
 - 더 잘하고 싶은가?
 - 이것으로 누군가를 도울 수 있는가?

만약 세 질문에 모두 "예"라고 답했다면, 축하한다. 당신은 나만의 일을 찾았다.

이제 그것을 삶의 중심에 두어라. 시간을 투자하라. 실력을 키워라. 사람들과 나눠라.

언젠가 그것이 당신의 일이 될 것이다.

내가 그랬던 것처럼.

10

배움과 성장을 즐기자

배움은 나를 자유롭게 한다

"배움은 나를 자유롭게 한다."

이 말을 진심으로 이해한 것은 30대 중반이 되어서였다.

그전까지 배움은 의무였다. 시험을 위해, 취업을 위해, 승진을 위해 배웠다. 배우고 싶어서 배운 적이 없었다.

하지만 글쓰기를 시작하며 모든 것이 바뀌었다.

더 잘 쓰고 싶어서 글쓰기 책을 읽었다.

다양한 표현을 배우고 싶어서 소설을 읽었다.

깊은 생각을 하고 싶어서 철학책을 읽었다.

사람들의 마음을 이해하고 싶어서 심리를 공부했다.

아무도 시키지 않았다. 나 스스로 원해서 배웠다.

그리고 깨달았다. 이렇게 배울 때, 배움은 즐거움이 된다는 것을. 그리고 그 즐거움이 나를 자유롭게 만든다는 것을.

배움은 즐거운 것

몰랐던 것을 알아간다는 것은 매우 즐겁고 행복한 일이다.

나에 대해서, 일에 대해서, 삶에 대해서.

배움은 나를 더욱 깊어지고 넓어지게 한다.

과거의 어느 때는 철학자, 명상가가 되고 싶기도 했다. 다양한 철학, 마음공부, 양자역학, 명상 등의 책들을 보며 삶의 이치, 자연의 법칙, 우주의 원리 등에 심취하기도 했다.

그런 공부를 통해 깨달음을 얻어감의 기쁨을 알게 되었다. 일에 대해서도 마찬가지다. 무한한 자신감과 자존감을 가지고 계속 도전하고 실행하면서 많은 성장을 경험했다.

전자책 강의를 시작으로 공동저서 출판, 출판사 설립, 한국자서전협회 설립, 자서전출판지도사 민간자격증 개설 등 많은 것을 만들었다. 그리고 무한히 성장했다.

억지로 하는 공부는 고통이다. 하지만 하고 싶어서 하는 공부는 즐거움이다. 나는 글을 더 잘 쓰고 싶어서 공부한다. 사람들에게 더 좋은 콘텐츠를 주고 싶어서 공부한다. 나 자신이 더 성장하고 싶어서 공부한다.

그래서 공부가 즐겁다. 그래서 멈추지 않는다.

7년 전의 나와 지금의 나는 완전히 다른 사람이다.

▍7년 전:

- 미래가 불안한 작장인이었다.
- 어떻게 살아야 하는지 막연했다.
- 사람들 앞에서 말하는 것이 두려웠다
- 내 생각과 감정을 정리하지도 표현하지도 못했다.

▍지금:

- 하고 싶은 일, 좋아하는 일을 한다.
- 작가, 강사, 대표, 1인 기업 사업가가 되었다.
- 많은 명 앞에서 강의하고 누군가의 꿈을 이루어 준다.
- 명확하게 내 생각을 전달한다

이 변화는 하루아침에 일어나지 않았다. 7년간 매일 조금씩 배우고 성장한 결과다.

꾸준히 글과 책을 쓰면서 나는 성장했다. 글쓰기 실력만 느는 게 아니다. 사고력, 표현력, 기획력, 소통력… 모든 것이 성장했다. 그리고 깨달았다. **성장하는 것 자체가 행복이다.**

실천법: 매일 30분 학습 루틴

당신도 성장의 기쁨을 느낄 수 있다. 매일 30분만 투자하자.

나만의 학습 루틴 만들기

1. 아침 15분: 읽기
- 책 한 챕터 읽기
- 좋은 문장 밑줄 긋기
- 하나의 인사이트 얻기

2. 저녁 15분: 쓰기
- 오늘 배운 것 정리하기
- 한 페이지 분량으로 요약하기
- 내 생각 덧붙이기

핵심 원칙:

1. 매일 한다. (하루도 빠뜨리지 않는다)

2. 작게 시작한다. (30분이 부담스러우면 10분부터)

3. 재미있게 한다. (흥미로운 주제를 선택한다)

4. 기록한다. (성장을 눈으로 확인한다)

30일 후, 당신은 분명히 달라져 있을 것이다.

365일 후, 당신은 완전히 다른 사람이 될 것이다.

나는 7년간 이렇게 했다. 그리고 인생이 바뀌었다.

11

남을 행복하게 하자

혼자만 잘되는 것은 공허하다

많은 글과 책을 쓰고, 어느 정도 성과를 냈을 때, 이상한 기분이 들었다.

기쁘긴 한데, 뭔가 허전했다.

"이제 뭐 하지?"

목표를 달성했는데 다음 목표가 보이지 않았다. 그저 계속 책을 쓰는 것만으로는 뭔가 부족했다.

그때 깨달았다.

혼자만 잘되는 것은 공허하다.

내가 배운 것을 나만 알고 있으면 무슨 소용인가? 내가 경험한 것을 나만 간직하면 무슨 의미인가?

진짜 행복은 나눌 때 온다. 누군가를 도울 때 온다.

700명의 작가를 만들다

내 사업의 기반은 교육이다. 나는 오프라인, 온라인 강의를 통해 지속적으로 마인드, 방법, 노하우, 동기부여를 전하고 사람들을 만난다. 어떻게 보면 그것에 나의 마케팅 전략이다.

"내가 배운 것을 다른 사람들과 나누자. 내가 걸어온 길을 다른 사람들에게 알려주자."

2021년 처음 시작한 전자책 출판 4주 강의에는 7명으로 시작했다. 글쓰기를 가르치고, 4주 동안 전자책을 출판했다.

그들이 책을 출판했을 때의 기쁨은 내가 책을 냈을 때보다 더 컸다.

"선생님, 감사합니다. 덕분에 제가 정말 책을 냈어요!"

이 한마디에 내 마음은 뜨거워졌다.

그 후 5년간, 나는 700명이 넘는 사람들을 작가로 만들었다.

80대 시니어분이 자서전을 냈다.

평범한 주부가 전자책을 냈다.

보험설계 전문가가 공동저서 종이책을 출판했다.

초등학생 아이들의 시집을 제작했다.

50인 공저 옴니버스 인생책쓰기 프로젝트를 만들었다.

그들 한 명 한 명이 내게는 기쁨이었다. 누군가의 꿈을 이뤄주는 것, 누군가의 성장을 돕는 것, 이것이 내게 진짜 행복을 가져다줬다.

나눔이 주는 선순환
신기한 일이 일어났다.

다른 사람을 도우니, 나도 더 성장했다.

가르치려면 더 깊이 공부해야 했다.

설명하려면, 더 명확하게 이해해야 했다.

이끌려면 더 먼저 경험해야 했다.

다른 사람을 돕는 것이 나를 더 성장시켰다.

그리고 더 큰 선순환이 시작되었다.

내가 도운 사람들이 다른 사람을 돕기 시작했다.

내 수강생들이 자기 분야에서 다른 사람을 가르쳤다.

그들이 또 다른 사람들에게 영향을 주었다.

한 사람을 돕는 것이 열 사람을 돕는 것이 되었다.

열 사람이 백 사람을 돕게 되었다.

이것이 나눔의 힘이다.

실천법: 오늘 한 사람 돕기

큰 것부터 시작하지 마라. 오늘 한 사람만 도와보자.

▌작은 나눔 아이디어:

1. 지식 나누기
- 내가 잘하는 것을 누군가에게 알려준다.
- 책에서 배운 좋은 내용을 공유한다.
- 업무 노하우를 후배에게 전수한다.

2. 경험 나누기
- 내가 겪은 시행착오를 공유해 다른 사람이 같은 실수를 하지 않게 한다.
- 성공한 경험을 나눠 다른 사람에게 용기를 준다.

3. 시간 나누기
- 바쁘더라도 누군가의 이야기를 경청한다.
- 도움이 필요한 사람의 일을 함께한다.

4. 응원 나누기
- 도전하는 사람을 격려한다.
- 힘들어하는 사람을 위로한다.
- 잘하고 있는 사람을 칭찬한다.

▎매일 저녁, 이것을 스스로에게 물어보자:
"오늘 나는 누구를 도왔는가?"
답할 수 있는 날이 많을수록, 당신의 삶은 더 풍요로워질 것이다.

12

지금에 감사와 행복하자

불행했던 과거와
행복한 현재

7년 전의 나는 그저 열심히는 살았지만 행복하지 않았다.

안정적인 직장이 있었지만, 미래는 불안했다.

적당한 수입이 있었지만 늘 부족하게 느꼈다.

건강한 몸이 있었지만 무어가 부족감을 느꼈다.

왜일까?

지금 가진 것에 감사하지 못했기 때문이다.

늘 부족한 것만 보았다.

늘 가지지 못한 것만 생각했다.

늘 더 나은 미래만 꿈꿨다.

그래서 삶이 행복하지 않았다.

하지만 지금의 나는 행복하다.

7년 전보다 더 많은 걸 가져서? 아니다.

더 큰 성공을 거둬서? 그것도 아니다.

지금 가진 것에 감사할 줄 알게 되었기 때문이다.

만족과 감사가 더 나은 내 인생을 만들다.

변화의 시작은 작은 습관이었다.

수시로 내가 가진 것, 누리고 있는 것 들에 대해 만족하고 감사하다고 생각하려고 했다.

처음에는 어려웠다. "오늘 뭐가 감사하지?" 아무것도 떠오르지 않았다. 하지만 관점을 바꾸니 감사할 것들이 너무도 많았다.

- 오늘도 살아있다. 그래서 감사하다.
- 움직일 수 있고 눈에 보인다. 그래서 감사하다.
- 소리가 들리고 느낄 수 있어 감사하다.

이런 평범한 것들부터 시작했다.

그런데 신기한 일이 일어났다.

일주일 후, 감사한 것이 더 많이 보이기 시작했다.

한 달 후, 하루에 세 가지가 아니라 열 가지가 떠올랐다.

일 년 후, 모든 순간이 감사했다.

감사를 찾다 보니, 세상이 달라 보였다.
부족한 것이 아니라 가진 것이 보였다.
문제가 아니라 축복이 보였다.
불행이 아니라 행복이 보였다.

행복은 조건이 아니라 선택이다
많은 사람이 이렇게 생각한다.
"돈이 많으면 행복할 텐데."
"좋은 직장에 다니면 행복할 텐데."
"좋은 사람을 만나면 행복할 텐데."
하지만 이것은 착각이다.

행복은 조건이 아니다. 선택이다.
돈이 많아도 불행한 사람이 있다.
좋은 직장에 다녀도 불행한 사람이 있다.
좋은 사람을 만나도 불행한 사람이 있다.

반대로:
돈이 없어도 행복한 사람이 있다.
평범한 직장에 다녀도 행복한 사람이 있다.

혼자여도 행복한 사람이 있다.

차이는 무엇인가?

행복을 선택했느냐, 불행을 선택했느냐의 차이다.

나는 7년 전, 행복을 선택했다.

조건이 바뀌지 않아도 행복하기로 했다.

모든 것이 완벽하지 않아도 감사하기로 했다.

지금, 이 순간을 소중히 여기기로 했다.

그리고 진짜로 행복해졌다.

내가 좋아하는 말이 있다.

구멍 난 신발에 우울했다.

발이 없는 사람을 보기 전까지는.

실천법: 5분 감사 명상

오늘부터 매일 자기 전 5분, 이것을 해보자.

5분 감사 명상
1단계: 편안하게 눕거나 앉는다.
2단계: 깊게 숨을 쉬며 몸과 마음을 이완한다.
3단계: 오늘 하루를 떠올리며 감사한 것을 찾는다.
- 아주 작은 것도 좋다.
- 당연한 것도 좋다.
- 최소 5가지 이상

4단계: 각각에 대해 왜 감사한지 생각한다.
"나는 _____에 감사한다. 왜냐하면 _____."
5단계: 감사의 느낌을 온몸으로 느낀다.

예시:

"나는 오늘 아침에 일어난 것에 감사한다. 왜냐하면 건강한 하루를 시작할 수 있었기 때문에."

"나는 동료와의 대화에 감사한다. 왜냐하면 나를 이해해 주는 사람이 있다는 것을 느꼈기 때문에."

"나는 오늘 먹은 저녁에 감사한다. 왜냐하면 맛있는 음식을

먹을 수 있는 것이 당연하지 않기 때문에."

"나는 이 침대에 감사한다. 왜냐하면 편안하게 잠들 수 있는 곳이 있기 때문에."

"나는 이 책을 읽을 수 있음에 감사한다. 왜냐하면 성장할 기회를 가졌기 때문에."

365일 후:
당신의 삶은 완전히 달라져 있을 것이다.
세상은 그대로인데, 당신이 보는 세상은 완전히 바뀌어 있을 것이다.
불행이 행복으로, 부족함이 풍요로움으로, 고통이 감사로 바뀌어 있을 것이다.

나는 7년간 이렇게 살았다. 그리고 진짜로 행복해졌다.
당신도 할 수 있다.

| 에필로그 |

당신도 할 수 있다

7년 전의 나에게 이 책을 선물할 수 있다면 얼마나 좋을까.
30대 중반, 불행했던 그때의 나에게 말해주고 싶다.
"걱정하지 마. 7년 후, 너는 행복할 거야."
"지금은 힘들어도, 포기하지 마. 너는 할 수 있어."
"진짜 너를 찾아가는 여정을 시작해. 그것이 행복으로 가는 길이야."

하지만 그때의 나는 이 말을 믿지 못했을 것이다. 너무 불행했고, 너무 지쳐있었고, 너무 회의적이었으니까.

그래서 나는 직접 증명하기로 했다.

행동으로, 결과로, 삶으로 증명하기로 했다.

그리고 7년이 지난 지금, 나는 증명했다.

평범한 직장인도 행복해질 수 있다는 것을.

이 책을 읽는 당신에게

지금 이 책을 읽고 있는 당신.

혹시 7년 전의 나처럼 불행한가?

혹시 내가 그랬던 것처럼 지쳐있는가?

혹시 나처럼 행복해질 수 있을까 의심하고 있는가?

괜찮다. 나도 그랬으니까.

하지만 말해주고 싶다.

"당신도 할 수 있다."

내가 특별해서 행복해진 게 아니다.

내가 재능이 있어서 100권을 쓴 게 아니다.

내가 운이 좋아서 700명을 가르친 게 아니다.

나는 그저:

- 진짜 나를 찾았다.

- 매일 기록했다.

에필로그 119

- 즐거움을 추구했다.

- 경험을 자본으로 봤다.

- 수동적 삶에서 벗어났다.

- 작은 성장을 기뻐했다.

- 타인의 시선에서 자유로워졌다.

- 하루하루를 의미있게 살았다.

- 나만의 일을 찾았다.

- 배움과 성장을 즐겼다.

- 누군가를 도왔다.

- 지금 이 순간에 감사했다.

이 12가지를 실천했을 뿐이다.

오늘부터 시작하자

이 12가지는 어렵지 않다.

거창한 계획이 필요 없다.

많은 돈이 필요 없다.

특별한 재능이 필요 없다.

그저 시작하면 된다. 오늘부터.

오늘 할 수 있는 것:

1. 나를 찾는 질문 하나를 스스로에게 던진다

2. 오늘 하루를 한 줄 기록한다

3. 즐거운 활동을 10분 한다

4. 내 경험 하나를 적어본다

5. 작은 선택 하나를 스스로 한다

6. 어제보다 나아진 점 하나를 찾는다

7. 남의 시선을 신경 쓰지 않고 하나를 한다

8. 오늘의 의미를 한 줄 쓴다

9. 좋아하는 것을 30분 한다

10. 새로운 것 하나를 배운다

11. 누군가를 하나 돕는다

12. 감사한 것 세 가지를 찾는다

하나씩만 해도 좋다. 완벽하지 않아도 좋다.

중요한 것은 시작하는 것이다. 그리고 멈추지 않는 것이다.

5년 후의 당신을 상상하며

5년 후, 당신은 어떤 모습일까?

만약 오늘부터 이 12가지를 실천한다면:

- 당신은 진짜 자신을 알게 될 것이다

- 수천 개의 기록이 쌓여 있을 것이다

- 즐거움이 삶의 중심이 되어 있을 것이다

- 당신의 경험이 누군가에게 도움이 되고 있을 것이다

- 능동적으로 삶을 선택하고 있을 것이다

- 매일 성장하는 기쁨을 느끼고 있을 것이다

- 타인의 시선에서 자유로워져 있을 것이다

- 모든 하루가 의미 있게 느껴질 것이다

- 당신만의 일을 하고 있을 것이다

- 계속 배우고 성장하고 있을 것이다

- 누군가를 돕는 기쁨을 알고 있을 것이다

- 매 순간에 감사하며 살고 있을 것이다

그리고 무엇보다:

당신은 행복할 것이다. 내가 그랬던 것처럼.

함께 걸어가자

이 책을 덮는 순간, 당신의 여정이 시작된다.

혼자가 아니다. 나도 함께 걷고 있다.

나도 여전히 매일 실천하며 산다.

나도 여전히 성장하고 있다.

나도 여전히 더 행복해지고 있다.

우리 함께 걷자.

스스로 행복해지는 그 길을.

당신도 할 수 있다. 나는 그것을 안다.

5년 후, 우리 어디선가 만나게 될지도 모른다.

그때 당신이 말할 것이다.

"우경하 작가님, 저도 행복해졌어요."

그날을 기다린다.

당신의 행복을 응원하며_

| 부록 |

1. 12가지 체크리스트

매일 저녁, 이 체크리스트를 확인해보자. 오늘 몇 개나 실천했는가?

☑ 1. 진짜 나를 찾는 질문을 했는가?
- 오늘 나는 무엇을 하고 싶었는가?
- 내 진짜 마음은 무엇이었는가?

☑ 2. 오늘 하루를 기록했는가?
- 일기를 썼는가?
- 의미 있는 순간을 적었는가?

☑ 3. 즐거운 일을 했는가?
- 오늘 즐거움 점수는 몇 점인가?
- 웃은 적이 있는가?

☑ 4. 내 경험의 가치를 알았는가?
- 오늘 경험이 나에게 준 것은?
- 이것을 누군가와 나눌 수 있는가?

☑ 5. 스스로 선택하고 결정했는가?
- 수동적이지 않았는가?
- 내가 원하는 것을 했는가?

☑ 6. 어제보다 나아졌는가?
- 무엇이 성장했는가?
- 작은 진전이 있었는가?

☑ 7. 타인의 시선을 신경 쓰지 않았는가?
- 나답게 살았는가?
- 남의 눈치를 보지 않았는가?

☑ 8. 오늘의 의미를 찾았는가?
- 오늘은 어떤 날이었는가?
- 특별한 순간이 있었는가?

☑ 9. 좋아하는 일을 했는가?

- 나만의 일에 시간을 투자했는가?

- 하고 싶은 것을 했는가?

☑ 10. 새로운 것을 배웠는가?

- 오늘 배운 것은 무엇인가?

- 책을 읽었는가?

☑ 11. 누군가를 도왔는가?

- 누구에게 도움을 줬는가?

- 나눈 것이 있는가?

☑ 12. 감사했는가?

- 감사한 것 세 가지는?

- 지금 이 순간에 감사하는가?

목표: 하루에 최소 6개 이상 체크하기

2. 30일 챌린지

이 12가지 방법을 30일간 실천해보는 챌린지다.

1-10일 차: 기초 다지기
- 매일 한 가지씩 선택해서 집중 실천
- 일기 쓰기로 하루 마무리

11 20일 차: 확장하기
- 매일 두세 가지 동시 실천
- 좋아하는 방법을 더 깊이 파기

21-30일차: 통합하기
- 모든 방법을 자연스럽게 실천
- 나만의 스타일로 조합하기

30일 후 평가:
- 어떤 변화가 있었는가?
- 가장 효과적이었던 방법은?
- 계속하고 싶은 습관은?

3. 내 삶을 바꾼 추천 도서 목록

[마케팅, 창업, 1인 기업, 무자본 창업 관련]
- 나는 1주일에 4시간 일하고 1000만원 번다/신태순
- 나는 투자금 없이 아이디어만으로 돈을 번다/최규철
- 부의 추월차선/엠제이 드마코
- 나는 4시간만 일한다/팀페리스
- 핑크펭귄/빌 비숍
- 관계 우선이 법칙/빌 비숍
- 아웃라이어/말콤 글래드웰
- 백만장자 메신저/브렌드 버처드
- 죽어도 사장님이 되어라/김형환

[마음공부, 철학 관련]
- 마음에는 평화 얼굴에는 미소/틱낫한
- 될 일은 된다/마이클A. 싱어
- 호오포노포노의 비밀/조 비테일
- 죽기 전에 더 늦기 전에/김여환
- 돈보다 운을 벌어라/김승호
- 평생 돈에 구애 받지 않는 법/고코로야 진노스케

▎작가에게 연락하기

- 네이버 검색: 우경하
- 글쓰기, 책쓰기, 출판
- 1인 기업 상담&강의&컨설팅
- 블로그: https://blog.naver.com/dancewoo
- 이메일: dancewoo@naver.com

▎독자의 변화 후기

이 책을 읽고 실천한 독자들의 이야기를 기다립니다.
당신의 성장, 변화 스토리를 나눠주세요.(이메일&전화)
함께 성장하고, 함께 행복해지길 바랍니다.

이 책의 마지막 페이지는 당신 인생의 첫 페이지입니다.
오늘부터 시작하세요. 스스로 행복해지는 여정을.

최고의 자기 계발은 나다움이다.
언제나 당신이 가장 소중합니다.

by 우경하 작가

스스로 행복을 찾는 12가지 방법

초판 1쇄 발행_ 2025년 11월 10일

지은이_ 우경하
펴낸곳_ 인생이변하는서점
펴낸이_ 우경하
디자인_ 우경하
표지디자인_ 비마기획
인쇄처_ (주)북모아

출판등록번호_ 제2021-000015호
주소_ 서울 도봉구 덕릉로 63가길 43, 지하26호
전화_ 010-7533-3488
ISBN_ 979-11-992642-8-1 (03190)
정가_ 12,000원

이 책은 저작권법에 따라 보호받는 저작물이므로
무단 전재와 무단 복제를 금지하며
이 책 내용을 이용하려면 반드시 저작권자와
출판사 인생이변하는서점의 서면동의를 받아야 합니다.
잘못된 책은 구입처나 본사에서 바꾸어 드립니다.